कलाम ए उफुक़ बरारी (इंतेखाब)

ग़ज़ल संग्रह

डॉ रिज़वान कश्फ़ी

ISBN 978-93-5610-636-9
© Dr Rizwan Kashfi 2022
Published in India 2022 by Pencil

A brand of
One Point Six Technologies Pvt. Ltd.
123, Building J2, Shram Seva Premises,
Wadala Truck Terminal, Wadala (E)
Mumbai 400037, Maharashtra, INDIA
E connect@thepencilapp.com
W www.thepencilapp.com

Author biography

उर्दू अदब का दरख़्शां सितारा------ डॉ रिज़वान कश्फ़ी

शायर एक नब्बाज़ होता है जो ज़माने की नब्ज़ पर हाथ रखकर उसके जवार भाटे महसूस कर लेता है और उनको अपनी शायरी में पेश करने की कोशिश करता है। कभी वो आप बीती को जग बीती और जग बीती को आप बीती बना कर यूं पेश करता है के पढ़ने व सुनने वाले पर देरपा असर मुरत्तीब हो जाता है। शेर व सुखन से क़ारीं को महज़ूज़ करने और देरपा असर मुरत्तीब करने वाले शोअरा की सफ मे एक नाम डॉ रिज़वान कश्फ़ी का है।

डॉ रिज़वान कश्फ़ी का ताल्लुक बरार के ज़िला यवतमहल के क़स्बे पलसी से है। डॉ रिज़वान कश्फ़ी ने अंग्रेज़ी, उर्दू और पॉलिटिकल साइंस में M.A. किया। सेट और नेट में भी इमतयाज़ी कामयाबी हासिल की है।हाल ही में उन्हें अंग्रेज़ी अदब में पी.एच.डी की सनद तफवीज़ की गई है। फिलहाल वो यवतमाल के डिग्री कॉलेज में असिस्टेंट प्रोफेसर हैं और उर्दू ज़ुबान मे दरसों तद्रीस के फ़राइज़ अंजाम दे रहे हैं। 2020 में डॉ कश्फ़ी का पहला शेरी मजमुआ "जज़्बात" शाय हुआ और खूब पसंद किया गया और हाथों हाथ बिक गया। 2021 में कश्फ़ी का दूसरा ग़ज़ल संग्रह "एहसास" इंटरनेशनल स्तर पर शाये हुआ और छागया। यह ग़ज़ल संग्रह न सीर्फ हिंदुस्तान में बल्कि हिंदुस्तान से बाहर कम व बेश 200 इंटरनेशनल प्लेटफार्म्स पर मौजूद है।

डॉ रिज़वान कश्फ़ी तहक़ीक़ी ज़ह्न के मालिक हैं। मुताल्ले के शौक़ ने उनको संजीदगी व बुर्दबारी अता की है। मरहूम एड. गुलाम मुस्तफा बेग़ साबिर और कोहना मश्क़ शायर उफ़ूक़ बरारी साहब की सोहबत व शागिर्दगी ने उनके फिक्र व नज़र को शायिस्तगी अता की है। मुमताज़ लब व लहजा, संजीदगी व इंफ़रादीयत की वजह से कश्फ़ी मुकामी व रियासती स्तर पर होने वाले मुशायरों में खूब पसंद किए जाने लगे हैं,

हिंदुस्तान और हिंदुस्तान के बाहर के मशहूर व मारूफ रिसालों व जरीदों मे कसरत से छप रहें हैं और हलक़ ए ज़ौक़ में खूब पसंद किए जा रहें हैं। उन्होंने उर्दू शायरी का बारीक बीनी से मुताल्ला किया है और इल्म ए अरूज़ पर महारत हासिल की हैं।शेर सुनते ही उसके अफाइल वो ज़हाफ तक पहुंच जाना उनका खास्सा है।

अगर हम डॉ रिज़वान कश्फ़ी के कलाम की बात करें तो उन के कलाम से एक ज़िम्मेदार फनकार की शबिह उभरती है। डॉ म. क़ादरी ज़ोर अपने "तनक़ीदी मिक़ालात" में फरमाते हैं के, "तसनीफ मुसन्न्रीफ की ज़िंदगी का आईना होती है। हर मुसन्निफ़ या शायर की हस्ती उसके कलाम मे उसकी शख्सियत की खुसुसियात को जगह-जगह नमुदार किए बग़ैर नहीं रह सकती... जब किसी के कलाम का आप मूताल्ला करें तो आपको मालूम हो जाएगा के न सीर्फ मुसन्निफ़ की शख्सियत ग़ैर मुज़मर तौर पर इसमे अपनी झलकियां दिखा रही हैं बल्कि उसके क़ल्बी, रूहानी और ज़हनी इरतेक़ा का अक्स भी जा बजा उसमे नमुदार होता है।"

अगर हम डॉ कश्फ़ी के कलाम का मुताल्ला करें तो उनकी शख्सियत के मुख्तलिफ गोशों तक रसाई हो सकती है। उन्होंने सेहत ए ज़ुबान का खूब ख्याल रखा और ज़वायद से कलाम को पाक रखने की पुरी कोशिश की है। उनके कलाम में सादगी व रवानी, सलासत व फसाहत पाई जाती है। नमूने के तौर पर डॉ कश्फ़ी के कूछ शेर आपकी नज़र करता हूं।

तुम्हारे ज़िक्र से दिल की छटी है तारीकी,
 तुम्हारे ध्यान से आंखों में रोशनी आयी।

खारजार ए ज़मीं का तिनका हूं,
 दीद ए आसमां में रहता हू।

आदमी है बना आदमी के लिए,
आदमी से ही खायफ मगर आदमी।

वो हक़ीक़त शनास क्या होंगें,
ख्वाब जिन के नसीब होते हैं।

मरीज़ ए इश्क़ को दीदार का तकाज़ा है,
 चले भी आओ के दुनिया से जा रहा है कोई।

सोहबत ए बद तो खूं रुलाती है,
अच्छे-अच्छे ताल्लुक़ात के बाद।

नासमझ हैं वो जो गिरने पे उढ़ाते हैं मज़ाक,
 राह ए हस्ती है लगा करती है ठोकर अक्सर।

मेरी नज़र में वो भी फरिश्ते से कम नहीं,
 अपनी वफाओं का जो सीला मांगता नहीं।
ज़ेर ए मौजू कीताब "कलाम ए उफुक़" (इंतेखाब) डॉ रिज़वान कश्फ़ी की तीसरी किताब है, जिसमें उन्होंने उस्ताद उफुक़ बरारी साहब की ग़ज़लों का इंतेखाब पेश कर के इसे अंतरराष्ट्रीय स्तर पर शाय किया है। ऐसा लगता है के ये किताब तरतीब देकर डॉ रिज़वान कश्फ़ी ने न सीर्फ अपने उस्ताद का हक़ अदा किया है बल के उन से अपनी सच्ची-पक्की मोहब्बत का सुबुत भी दिया है। मुझे उम्मीद है के ये किताब भी डॉ रिज़वान कश्फ़ी की दीगर किताबों की तरह ही खूब पसंद की जाएगी। दुआ है, अल्लाह करे ज़ोर ए कलम और ज़्यादा।

 अहकर
 मुज़फ्फर हुसैन नादिम
यवतमहल

CONTENT

Foreword

उफुक़ बरारी और उनकी शायरी

उफूक़ बरारी साहब एक उस्ताद शायर हैं। वो एक उस्ताद होने के साथ एक कोहना मश्क़ शायर भी हैं। उफूक़ बरारी का पूरा नाम सईद उल्लाह खान है।' उफूक़' वो तखल्लुस करते हैं। उन की शख्सियत उर्दू शायरी में किसी तार्रुफ की मोहताज नहीं है। उफूक़ बरारी ज़ुबान को शायरी और शायरी को ज़ुबान बनाने का गुर जानते हैं, और क्यों न हो उन्होंने एक अरसा उर्दू शायरी को अपने खून से सींचा है। उनकी शायरी में ये बात उनकी इसी जान फिशानी से आयी है, इसका दूसरा पहलू ये है के उफुक़ बरारी अपने तालीम के ज़माने में दिल्ली में मुक़ीम रहे जहां उन्हें मिसाली आसातेज़ा की सोहबत मुयस्सर आयी। दिल्ली में वो डॉ. प्रेम लाल शिफा के शागिर्द हुए। इस तरह से उनकी शायरी का सिलसिला उस्ताद दाग़ देहलवी से जा मिलता है। इसके अलावा अपने ज़मान ए तालीम में उन्होंने जोश मिलहाबादी और जिगर मुरादाबादी जैसे मशहूर ए ज़माना शायरों की नोक झोंक अपनी आंखों से देखी और कानों से सुनी है। उफूक़ बरारी को ज़ुबान के अलावा इल्म ए अरूज़ पर भी बेइंतहा दसतरस हासिल है। वो उर्दू के अलावा फारसी और अरबी ज़ुबानों पर भी दसतरस रखते हैं। उफुक़ बरारी की शख्सियत का अहाता इस मुख्तसर ताअररुफ मे करना नामुमकिन काम है, और ऐसा करना उनकी शख्सियत के साथ नाइंसाफी करना भी होगा। इसलिए मैं यहां उनकी शायरी की कुछ खूबियों ही पर रोशनी डालूंगा। आपने सीर्फ गज़ल ही को अपना खून ए दिल नहीं पिलाया बल के पाबंद नज़्मे, संजीदा कलाम के अलावा तंज़ व मिज़ाह में भी कामयाब शायरी की है। उन्होंने तवील और मुख्तसर नज़्मे भी कहीं और एसी कहीं के उनका हक़ अदा कर दिया। उफूक़ ने अपनी हमदीया और नातिया शायरी से अपना खिराज ए अक़िदत बड़े मुअस्सीर अंदाज मे पेश किया है, उन्होंने बहुत सी कामयाब नातें और हमदें कहीं हैं। यहां उनका एक नातियां क़ता पेश करना ज़रुरी समझता हूं।

' संभल ऐ दिल मदीना आ रहा है
किनारे पर सफीना आ रहा है
 इज़ाफा हो रहा है धड़कनों में
तसव्वुर को पसीना आ रहा है।'

मैंने इस किताब में उफ़ुक़ बरारी की ग़ज़लों का इंतेखाब किया है ताकि उर्दू जानने वालों के अलावा हिंदी पढ़ने वाले भी उनकी शख़्सियत,उनकी शायरी से वाक़िफ हो सके और इससे फैज़ हासिल कर सकें। उफ़ूक़ साहब ने अपने हर शेर में शायरी को साहेरी बनाकर दिखाया है, जैसे कूछ शेर मिसाल के तौर पर पेश करता हूं।

' जिसकी किस्मत में सुकूं था उसको साहिल मिल गया
मेरी कश्ती हम मिजाज़ ए मौज ए तूफां ही रही।'

' पढ़ेगा कौन हमें देखना पसंद नहीं
के जाहिलों में रहें हम किताब हो कर भी।'

' रहबर बुलंद तर है बता, कौन मैं के तु
बनकर ग़ुबार ए राह उठा कौन मैं के तु।'

' मुक़द्दर बन गई अख्तर शुमारी
तमन्ना ए सहर है और मैं हूं ।'
' तुम्हारी दीद की हसरत के सदक़े
 तेजस्सुस है नज़र है और मैं हूं।'

        इस किताब में उफ़ुक़ बरारी की चुनिंदा गज़लों को तरतीब दिया गया है। मुझे उम्मीद है कि यह इंतेखाब ग़ज़ल के आशिकों के

लिए एक नये तोहफे से कुछ कम न ठहरेगा। मै मानता हूं के मेरी इस कोशिश से गज़ल के रसियाओं की प्यास ज़रूर बुझेगी।
सिर्फ आपका
डॉ. रिज़वान कश्फ़ी

पलसी, ता. दारव्हा, ज़ि.यवतमाल

445002 (महाराष्ट्र, इंडिया)

kashfirizwan@gmail.com

Introduction

'कलाम ए उफ़ुक़ बरारी' नाचीज़ की मुंतखब ग़ज़लों का मजमुआ है जिसे मेरे शागिर्द रशीद डॉ रिज़वान कश्फ़ी ने बड़ी मेहनत व लगन से, शायराना ज़ोक़ रखने वाले हर खास व आम के लिए तरतीब दिया है। लेहाज़ा उनकी (डॉ रिज़वान कश्फ़ी) कि ये काविश को बग़ौर पढ़कर आप भी हौसला अफजा़ दुआएं फरमाएं और मेरी भी पुरखुलूस दुआ है कि उनकी भी शायरी को हर खास व आम पसंद फरमाएं।
 'कलाम ए उफ़ुक़ बरारी' महज़ एक किताब ही नहीं है बल्कि इस किताब के मूर्तिब (डॉ रिज़वान कश्फ़ी) की मुझसे क़लबी मोहब्बत और खुलस का सबूत है। अल्लाह उन्हों मज़ीद तरक्की व कामरानी अता करे, और हमेशा सेहतयाब रखें! (आमीन)

आपका
सईद उल्लाह खान 'उफ़ुक़ बरारी'
यवतमहल, (इंडिया)

22/04/2022

गर इख़्तियार ज़रा भी उसे ख़ुदा देगा

गर इख़्तियारर ज़रा भी उसे ख़ुदा देगा
ये आदमी है, फलक को ज़मीं बना देगा

बहुत दिया है जो मोहलत दी सांस लेने की
अब इस से बढ़कर नया दौर और क्या देगा

बड़े खुलूस व मोहब्बत से पेश आता हूं
मेरा रकी़ब कभी तो मुझे दुआ देगा

किसी ग़रीब की गुरबत पे उंगलियां न उठा
नसीबा हाथ में कष्टकोल ही थमा देगा

उफ़ूक़ यकीं नहीं आता ज़मीन वालों को
के आसमां तेरे क़दमों में सर झुका देग

देखना भी है कोई देखना मंजर अपना

देखना भी है कोई देखना मंजर अपना
आईना अपना, नज़र अपनी है पैकर अपना

एक तरफ से नहीं हर सम्त पत्थर आए
वो तो अच्छा हुआ शीशे का न था घर अपना

इश्क को लोग समझते हैं अना का इज़हार
बारहवां नाम लिखा हमने मिटा कर अपना

इससे बढ़कर तो नहीं कोई मोहब्बत का सबूत
हाल ए दिल ग़ौर से सुनते हैं वो अक्सर अपना

जिंदगी चंद नफस और भी मोहलत मांगे
मौत कहती है कि वक़्त मुकर्रर अपना
अपने मरकज से उफ़ुक़ आप गुरेजां न रहें
छोड़ बैठे न ज़मीं भी कहीं मैहवर अपना

ग़म ए हयात को पहले खुशी में ले आया

ग़म ए हयात को पहले खुशी में ले आया
फिर अपनी मौत को मैं ज़िंदगी में ले आया

कहूं भी क्या जो अंधेरे को मौजेज़ा न कहूं
अंधेरा जब के मुझे रोशनी में ले आया

तेरे ख्याल के तेरे जमाल के सदक़े
शब ए सियाह को मैं रोशनी में ले आया

वह एक लम्हा जो सदियों से मेरे साथ रहा
तेरे हुज़ूर मुझे आखरी में ले आया

ख़ुदा के वास्ते देखे ना दुश्मनी से कोई
उफ़ुक़ पे कोई मुझे दोस्ती में ले आया

तमाम रानियां समेटे नज़र नज़र में समाए जाना

तमाम रानाईयां समेटे नज़र नज़र में समाए जाना
ये उनके जलवों का मौजेज़ा है हर एक मंजर में पाए जाना

उसूल ए राह ए वफा यही है यही तक़ाज़ा ए रह रवि है
रविश रविश ग़म उठाए जाना क़दम क़दम मुस्कुराए जाना

मिले ना जब तक कोई इशारा क़दम ही उठता नहीं हमारा
ज़मीर करता नहीं गवारा किसी के घर बिन बुलाए जाना

यही मोहब्बत की इब्तिदा थी यही मोहब्बत की इंतेहा है
वो उनकी बातें बनाए जाना हमारा बातों में आए जाना

निगाह ए सद इलतेफात समझूं के मुज़हेका खेतज़ बात समझूं
वो रुह ए दिल पर उफुक़ बरारी का नाम लिखकर मिटाएं जाना

ऐसा है ज़िंदगी का ताल्लुक क़ज़ा के साथ

ऐसा है ज़िंदगी का ताल्लुक़ क़ज़ा़ के साथ
जैसे कि हो चराग़ का रिश्ता हवा के साथ

अब चारागर की चारागरी मोतेबर नहीं
जीने की दे रहा है दुआएं दवा के साथ

वह जिन की बेरुखी थी बड़ी सब्र आज़मां
हमने दिखा दिया है उन्हीं से निभा के साथ

ऐसे खुदा ए बर्तर व बाला से इन्हेंराफ!!
बंदों से पेश आए जो लुत्फ व अता के साथ

पाया उरूज बाम ए उफ़ुक़ तक पहुंच गया
ए मिर ए कारवा मैं तेरी खाक ए पा के साथ

हैरत अंगेज़ कमालात दिखा देती है

हैरत अंगेज़ कमालात दिखा देती है
अक़्ल सदियों को भी लम्हात बना देती है

फायदा और भी दुनिया से उठा लूं लेकिन
एक मुश्किल है ये एहसान जता देती है

जब कभी ज़ोर से चलती है मोहब्बत की हवा
बहर ए हस्ती में भी तूफान उठा देती है

ये मोहब्बत है इसे क्यों ना अजब चीज़ कहूं
अपने आगाज़ को अंजाम बना देती है

शर्त है उसकी इबादत में तसव्वर उसका
बंदगी ज़ात का एहसास दिला देती है
आज के दौर में खामोश भी रहना है गुनाह
बुज़दिली मौत का पैग़ाम सुना देती है

दीवार बन गए थे जो मौसम बदल गए

दीवार बन गए थे जो मौसम बदल गए
आ जाइए के शाम के साए भी ढल गए

हालांकि बात सही कही थी ज़मीर ने
लेकिन बहुत ही तल्ख थे अल्फ़ाज़ खल गए

मैं तेरे साथ था तो कोई मौतरिज़ न था
देखा जो मेरे साथ तुझे लोग जल गए

इस दर्जा पायदार सफीना था अज्म़ का
तूफान आए और इरादे बदल गए

आतिश फिशां पहाड़ थे, लावे उगल गए
शातिर मिजाज़ लोग नई चाल चल गए
देखा, मज़क उड़ाने लगीं फिर बुलंदियां
हम फिर उफ़ुक़ हुदूद से आगे निकल गए

दस्त ए क़ातिल तलाश करता हूं

दस्त ए क़ातिल तलाश करता हूं
रक़्स ए बिस्मिल तलाश करता हूं

जोश ए तूफान से क्या ग़रज़ मुझे
मैं तो साहिल तलाश करता हूं

है तलब उनको दूसरे दिल की
दूसरा दिल तलाश करता हूं

जिससे होती है मुश्किलें आसां
ऐसी मुश्किल तलाश करता हूं

जिसका उनवान है धड़कने दिल की
उसका हासिल तलाश करता हूं

अब नहीं जुस्तजू उफुक़ कोई
जज़्बा ए दिल तलाश करता हूं

चारागर बेखबर ही सही

चारागर बेखबर ही सही
दर्द ए दिल दर्द ए सर ही सही

अपने बीमार को देख लो
एक उचटती नज़र ही सही

जाने क्या क्या भुगतना पड़े
ज़िंदगी मुख्तसर ही सही

मिल ही जाएगी मंजिल मुझे
रास्ता पूर्खतर ही सही

आपका है उफुक़ आपका
आप से बेखबर ही सही

इस दौर में की बात ताज्जुब की बात है

इस दौर की ये बात ताज्जुब की बात है
अच्छे ताल्लुक़ात ताज्जुब की बात है

पीता ही जा रहा हूं मगर फिर भी तिशनगी
ए चश्म ए इलतेफात ताज्जुब की बात है

तारीख लिख रहा हूं मोवररिख हयात की
हैरत की है ये बात ताज्जुब की बात है

मेरा मुकाम क्या था तुम्हें क्या बताऊं मैं?
अफसोस की है बात ताज्जुब की बात है

रोता हूं जब उफ़ुक़ में ग़म ए कायनात में
हंसती है कायनात ताज्जुब की बात है

ज़िंदगी एक सुबह भी है ज़िंदगी एक शाम भी

ज़िंदगी ऐश व तर्ब भी है ग़म व आलाम भी
ज़िंदगी एक सुबह भी है ज़िंदगी एक शाम भी

शम्मा की आग़ोश में कुछ खाक ए परवाना भी है
सामने आग़ाज़ भी है सामने अंजाम भी

कातिब ए तक़दीर से तक़दीर का शिकवा न कर
तू भी मिट जाएगा, मिट जाएगा तेरा नाम भी

अब उफ़ुक़ किसको सुनाऊं आलम ए फ़ुरक़त का हाल
दिन भी मुश्किल से गुज़र आ गई फिर शाम भी

आराम में है वो जो फक़त दुनियादार है

आराम में है वो जो फक़त दुनिया दार है
तकलीफ में हैं वो जो इबादत गुज़ार है

ज़हनों को है सुकूं न दिलों को क़रार है
दौलत का भूत वक़्त के सर पर सवार है

बाज़ार जब गए हमें एहसास तब हुआ
अब बेचने की चीज में अपना शुमार है

किससे खुशी की बात करें किसको खुश करें
हर शख़्स मुब्तिला ए ग़म ए रोज़गर है

अपने गरीब भाई से कहता है मालदार
सच सच बता के तू भी मेरा रिश्तेदार है
हर शख़्स की है बाम ए उफ़ुक़ पर उफ़ुक़ नज़र
हर शख़्स आज अपनी ज़मीं पर भी बार है

रहे हवाओं में बाक़ी हिसाब होकर भी

रहे हवाओं में बाक़ी हिसाब होकर भी
मिटाएं मिट न सके नक़्श ए आब होकर भी

ना ढूंढ ढूंढने वाली ज़मीं पे इंसां को
के दस्तरस में नहीं दसत्याब होकर भी

अजीब चीज बनाई बनाने वाले ने
नज़र को भा गई दुनिया खराब होकर भी

पढेगा कौन हमें देखना पसंद नहीं
के जाहीलों में रहे हम किताब होकर भी

हमें ना रोकिए अब बदनसीब कहने से
वो हो सके न हमारे "जनाब" होकर भी

नफस नफस के जो था क़र्ज़ ए ज़िंदगी हम पर
उफ़ूक़ वो रह गया बाक़ी हिसाब होकर भी

क्या हक़ीक़त में है क्या बातिल में है

क्या हक़ीक़त में है क्या बातिल में है
एक तज़बज़ुब आदमी के दिल में है

नाम लिखता हूं मिटाने के लिए
इंतेशार इतना दमाग़ व दिल में है

बेदिली से जो जिया वो जी लिया
अहल ए दिल की ज़िंदगी मुश्किल में है

हर बशर है कशमकश में आजकल
हर नफस अब आखरी मंज़िल में है

जानते हो बढ़ गई क्यों धड़कन
आपका दिल भी हमारे दिल में है
कौन ये बाम ए उफ़ुक़ पर आ गया!!
रोशनी क्यों कम मह ए कामिल में है

जो भी कुछ हो रहा है होने दो

जो भी कुछ हो रहा है होने दो
उनको हंसने दो मुझको रोने दो

देखना चाहता हूं मैं उनको
उनके ख्वाबों में मुझको खोने दो

किसने आमीन कह दिया पहले
खत्म मेरी दुआ तो होने दो

मुझको शर्मिंदा कर रहे हो क्यों
बोझ मेरा है मुझको धोने दो

वक़्त से क़ीमती उफुक़ समझो
इसको बर्बादी ही न होने दो

हम ज़िक्र तुम्हारा सहर व शाम करेंगे

हम ज़िक्र तुम्हारा सहर व शाम करेंगे
जो काम हमारा है वही काम करेंगे

तकलीफ उठा लेंगे जो तक़दीर में होंगी
आराम है ़किस्मत में तो आराम करेंगे

महबूब मेरे मेरी निगाहों में समा जा
देखेंगे अगर लोग तो बदनाम करेंगे

मर जाएंगे मिट जाएंगे हम इश्क़ में तेरे
आग़ाज़ ए वफा सूरत ए अंजाम करेंगे

बढ़ जाएगी जो महर ए मोहब्बत की तमाज़त
साये मैं तेरी ज़ुल्फ के आराम करेंगे

हर जगह चलने लगे जाम ख़ुदा खैर करे

हर जगह चलने लगे जाम ख़ुदा खैर करे
बेख़ुदी होने लगी आम ख़ुदा खैर करे

दिन गुज़रा है ग़म ए दोस्त में जूं तू करके
और फिर होने लगी शाम ख़ुदा खैर करे

अब ख़ुदा जाने बदल जाएंगे मैखानो से
शेख़ के हाथ में है जाम ख़ुदा खैर करे

हर क़दम राह ए मुहब्बत में है दुश्वार गुज़ार
ऐसे आग़ाज़ का अंजाम ख़ुदा खैर करे

दूर मंजिल है उफ़ुक़ राह में पेंच व खम भी
लग़ज़िश ए पा है बहरगाम ख़ुदा खैर करे

मेरा अज़म ए सफर है और मैं हूं

मेरा अज़म ए सफर और मैं हूं
तुम्हारी रह गुज़र है और मैं हूं

तुम्हारी दीद की हसरत के सदक़े
तजस्सूस है नज़र है और मैं हूं

मुक़द्दर बन गई अख़्तर शुमारी
तमन्ना ए सहर है और मैं हूं

ख़ुदाया उनको उमर ए ख़िज़्र दे दे
हयात ए मुख्तसर है और मैं हूं

समझ ले ऐसी आदत को इबादत
ख़ुदाया तेरा डर है और मैं हूं

उफ़ूक़ क्या पूछते हो हाल मेरा
मुकाम ए अल हज़र है और मैं हूं

ग़मों से चूर होकर रह गए हैं

ग़मों से चूर हो कर रह गए हैं
बहुत मजबूर हो कर रह गए हैं

रग ए जां से भी जो नज़दीक तर थे
नज़र से दूर हो कर रह गए हैं

खुदाया अब हमें अपना बना ले
बहुत ही दूर हो कर रह गए हैं

उफ़ूक़ नवाब थे "सी पी महल" के
मगर मज़दूर हो कर रह गए हैं

ग़म ए हयात की शिद्दत में कुछ कमी आए

ग़म ए हयात की शिद्दत में कुछ कमी आए
ख़ुदा करे के किसी बात पर हंसी आए

दुआ को हाथ उठे आंख में नमी आए
तो रहमतों के समंदर में जोश भी आए

बुलाया प्यार से लेकिन कोई नहीं आया
ख़ुदा को हो गए प्यारे तो फिर सभी आए

बराय नाम है छत भी उधेड़ कर रख दे
अंधेरे घर में कहीं से तो रोशनी आए

किसी ने हाल भी पूछा नहीं उफ़ुक़ अपना
खुद अपने गांव में जैसे हम अजनबी आए

अगर तुम हो मेरे तो यारों बताओ

अगर तुम हो मेरे तो यारों बताओ
सहारे कहां है सहारो बताओ

मुझे ग़ैर अपना समझने लगे हैं
ये क्या बात है रिश्तेदारों बताओ

कोई और मौसम भी है जो सुकूं दे
खिज़ा़ पूछती है बहारों बताओ

नुकुश ए क़दम रहेबरों के हैं उल्टे
मैं कैसे चलूं रहगुज़ारो बताओ

चमक भी टपकती है आंखों से कोई
शब ए हिज्र के चांद तारों बताओ
उफ़ूक़ पर सियाही सी क्यों छा गई है
ज़रा रोशनी के मीनारों बताओ

दिल क्यों है बेक़रारमुझे कुछ खबर नहीं

दिल क्यों है बेक़रार मुझे कुछ खबर नहीं

किसका है इंतज़ार मुझे कुछ खबर नहीं

कुछ ऐसी कशमकश में गुज़री है ज़िंदगी

क्या चीज है क़रार मुझे कुछ खबर नहीं

इतना तो जानता हूं कि राह ए वफा में हूं

मंज़िल है या गुबार मुझे कुछ खबर नहीं

मैं उनको जानता हूं मुझे जानते हैं वो

कहते रहे हज़ार मुझे कुछ खबर नहीं

फिर भी वह मुझसे पूछ रहे हैं कहां है दिल

बोला हज़ार बार मुझे कुछ खबर नहीं

दीवानगी ए इश्क की हद हो गई उफ़ुक़

दामन है तार-तार मुझे कुछ खबर नहीं

हम तो समझे थे कि रह जाएंगे पी के आंसू

हम तो समझे थे कि रह जाएंगे पी के आंसू
वो जब आए तो निकल आए खुशी के आंसू

जाने क्या बात है देखे नहीं जाते मुझसे
जब भी आंखों से टपकते हैं किसी के आंसू

फूल बनके भी तो मुरझा के बिखेर जाना है
पत्ते पत्ते पे नज़र आएं कली के आंसू

दिल भर आए तो कोई कुछ भी नहीं कर सकता
रोक सकता है भला कोई किसी के आंसू

जब उफ़ुक़ कोई भी रोता है तो दिल कहता है
मेरी आंखों में चले आएं सभी के आंसू

सारी दुनिया रो रही थी मैं न था

सारी दुनिया रो रही थी मैं न था
यह मेरी खुश़किस्मती थी मैं न था

जब ख़िज़ां थी हर तमन्ना दिल में थी
जब बाहर आने लगी थी मैं न था

और क्या होगा मोहब्बत का सबूत
उनकी आंखों में नमी थी मैं न था

आपने देखा था जिसको ख्वाब मे
वो मेरी खुश़किस्मती थी मैं न था

उनके जलवों का करिश्मा था उफ़ुक़
रोशनी ही रोशनी थी मैं न था

अपनी हद से गुज़र रहा हूं मैं

अपनी हद से गुज़र रहा हूं मैं
इश्क़ की बात कर रहा हूं मैं

या खुदा कैसी रोशनी है ये
अपने साए से डर रहा हूं मैं

तेरे फज़्ल व करम की ख्वाहिश है
हर खता कर गुज़र रहा हूं मैं

कौन कहता है मुश्त ए खाक मुझे
उसअतों में बिखर रहा हूं मैं

खुदकुशी से बचा लिया तुमने
और बेमौत मर रहा हूं मैं

मैं किसी से उफ़ूक़ नहीं डरता
और खुद ही से डर रहा हूं मैं

लोग ज़ोक़ ए नज़र आज़माते रहे

लोग ज़ोक ए नज़र आज़माते रहे
और वो मेरे ख्वाबों में आते रहे

जब किसी को कोई सर बुलंदी मिली
लोग हाथों में पत्थर उठाते रहे

अपनी आंखों में उनको बसा ही लिया
लाख हमसे वो खुद को छुपाते रहे

मौत के एक लम्हे ने खुश कर दिया
ज़िंदगी भर हम आंसू बहाते रहे

ईद का चांद बादल के पहलू में था
लोग उफ़ुक़ पर ही उंगली उठाते रहे

निगाह ए शौक़ को परदों से रस्म व राह नहीं

निगाह ए शौक़ को परदों से रस्म व राह नहीं
ये इल्तेजा है गुज़ारिश है इनतेबाह नहीं

वो हुस्न हुस्न नहीं है कशिश नहीं जिसमें
वो इश्क़ इश्क़ नहीं है जो बेपनाह नहीं

गुज़र के देख लिया तमाम राहों से
तुम्हारी राह से दुश्वार कोई राह नहीं

बड़ी खुशी से मैं शामिल हुआ था महफिल में
यहां तो कोई किसी का भी खैरख्वाह नहीं

उफ़ूक़ की राह के ज़र्रात है ये सैय्यारे
हर महर व महा भी दरअसल महर व माह नहीं

ज़िंदगी मौत के आसार से आगे न बढ़ी

ज़िंदगी मौत के आसार से आगे न बढ़ी
मेरी हस्ती मेरे मेयार से आगे न बढ़ी

ऐसे बीमार ए मोहब्बत का भरोसा क्या है
जब दवा हि लब ए बीमार से आगे ना बढ़ी

मैं भी आज एक खुदाई का खुदा कहलाता
लेकिन आवाज़ मेरी दार से आगे न बढ़ी

बज़्म ए हस्ती में उफ़ुक़ कुछ नहीं देखा मैंने
चश्म ए हैरत ही रूख ए यार से आगे ना बढ़े

भूला हुआ सबक़ था मेरा याद आ गया

भूला हुआ सबक़ था मेरा याद आ गया
गम इस क़दर मिले के खुदा याद आ गया

लव थरथराई जब चराग़ ए हयात की
फानूस बन गई थी हवा याद आ गया

मैं सोच ही रहा था कहां हूं कहां नहीं
लेकिन अजां की आयी सदा याद आ गया

एक शख़्स की नमाज़ ए जनाज़े में था शरीक़
मंज़िल का अपनी मुझको पता याद आ गया

मैं भूल ही गया था किसी की वफ़ा का ख्वाब
याद आ गया उफ़ुक़ ब खुदा याद आ गया

जो लोग ठोकरें खाकर संभल नहीं सकते

जो लोग ठोकरें खाकर संभल नहीं सकते
वो तेरे इश्क़ की राहों पे चल नहीं सकते

हज़ार राह ए मोहब्बत में पेच व खम आएं
मगर हमारे इरादे बदल नहीं सकते

दुआएं करके भी दिल मुत्मइन नहीं होता
वो जानता है मुक़द्दर बदल नहीं सकते

उन्हीं को मैंने उफ़ूक़ हमसफर बनाया है
जो दो क़दम भी मेरे साथ चल नहीं सकते

ए दोस्त अगर तू भी हां कह के मुकर जाए

ए दोस्त अगर तू भी हां कह के मुकर जाए
जीने का तमन्नाई बेमौत ही मर जाए

हर गोश ए दुनिया को तुम तूर बना डालो
उस सम्त नज़र आओ जिस सम्त नज़र आ जाए

शीराज़ ए हसती हो या गेसू ए जानां हो
संवरे तो संवर जाए बिखरे तो बिखर जाए

क्या आप की महफिल के आदाब निराले हैं
बा दीदी ए नम आए बादीद ए तर जाए

तक़दीर उफुक़ अपनी तक़दीर का शिकवा क्या
दो रोज़ हयात अपनी जिस तरह गुज़र जाए

मेरे अज़्म ए सफर एजाज़ बन जा

मेरे अज़्म ए सफर एजाज़ बन जा
मैं बे पर हूं पर ए परवाज़ बन जा

तुझे ए दिल क़सम है धड़कनों की
मुजस्सम इश्क़ की आवाज़ बन जा

तड़पता है तड़पने के लिए दिल
निगाह ए नाज़ तीरंदाज बन जा

मेरा दिल रक़्स करना चाहता है
ज़रा सोज़ ए मोहब्बत साज़ बन जा

मैं फिर से इम्तेहान ए इश्क दूंगा
मेरे अंजाम फिर आग़ाज़ बन जा

वो बनकर आ गए हैं शमा ए महफिल
उफ़ूक़ परवान ए जांबाज़ बन जा

मरने वाला हूं ज़िंदगी कम है

मरने वाला हूं ज़िंदगी कम है
क्या तुम्हारी ये बेरुखी कम है

होशियारी से काफला वालों !
राह ए हस्ती में रोशनी कम है

होशमंदी की बात करता हूं
साक़ीया क्या यह तिशनगी कम है

क्या ये कम है के तेरा बंदा हूं
लाख एहसास ए बंदगी कम है

आए बाम ए उफ़ुक़ पे वो शायद
चांद तारों में रोशनी कम है

शाम ए ग़म रोशनी से डरते हैं

शाम ए गम रोशनी से डरते हैं
ग़म के मारे खुशी से डरते हैं

जब कभी हम किसी से डरते हैं
आपकी बरहमी से डरते हैं

हैरतअंगेज बात कहता हूं
आदमी आदमी से डरते हैं

मौत का खौफ है ज़माने को
और हम ज़िंदगी से डरते हैं

हम उफुक़ दोस्ती के क़ायल हैं
दोस्त तो दोस्ती से डरते हैं

मैं तुझ को दिखाता हूं मेरे ज़ख़्म ए जिगर आ

मैं तुझ को दिखाता हूं मेरे ज़ख़्म ए जिगर आ
ए दोस्त तुझे मेरी क़सम अब तो इधर आ

हिल मिल के निकालेंगे मोहब्बत का जनाज़ा
मैं दीदी ए नम आएं तू दीदी ए तर आ

दुनिया की नज़र का तुझे अंदाज़ा नहीं है
ख्वाबों में भी मेरे तू ब अंदाज़ ए दीगर आ

मशहूर मकुला है डरा जो तो मरा वो
दिल मेरा तेरा घर है तू दुनिया से ना डर आ

कहते हैं मोहब्बत इसे दुनिया को दिखा दे
एक बार सर ए बाम ए उफ़ुक़ रशक़ ए कमर आ

ज़मीं पे चांद सितारे बिछा दिए तूने

ज़मीं पे चांद सितारे बिछा दिया तूने
इनआयतों के खज़ाने लुटा दिया तूने

क़्रज़ा व क्रद्र के एहसास शुक्रिया तेरा
गुज़र बसर के सलीके सिखा दिया तूने

ज़ुबान, दिल को आता की नज़र को गोयी
खामोशियों को करिश्मे बना दिया तूने

शब ए फ़िराक़ के तारों में ढूंढ अब उनको
विसाल ए यार के लम्हें गवां दिए तूने

वो सारे क़हर खुदा बन के तुझ पे टूटेंगे
जो ज़ुल्म व जोर निहत्तो पर ढा दिया तूने
अता किए थे जो तुझको ब सुरत ए इनाम
उफ़ूक़ वो क़ीमती लम्हे गंवां दिए तूने

तस्वीर बना लेते रुख ए यार कि हम भी

तस्वीर बना लेते रूख ए यार कि हम भी
अफसोस नथा दस्त ए तसव्वुर में क़लम भी

खुशियों में तलाशा तो मिले आपके ग़म भी
पूछेंगे अगर लोग तो खा लेंगे क़सम भी

नफरत में मोहब्बत है मोहब्बत में है नफरत
हैरत तो यही है के सितम भी है करम भी

इखलास के फूलों का चढ़ावा तू चढ़ा दे
खुद बोलने लग जाएंगे पत्थर के सनम भी

यह कौन सर ए बाम ए उफुक़ देख रहा है
क्या भूल गया वो सर ए तस्लीम का खम भी

जुर्म ए वफा की ऐसी सज़ा दीजिए मुझे

जुर्म ए वफा की ऐसी सज़ दीजिए मुझे
पत्थर जो बन सकूं तो बना दीजिए मुझे

मरने के रास्ते तो हज़ारों हैं सामने
जीने की कोई राह दिखा दीजिए मुझे

इंसान हूं फिर भी शक है मुझे अपनी ज़ात पर
क्या हो गया है मुझको बता दीजिए मुझे

मैं ज़िंदगी की रेत पे लिखा हुआ हूं नाम
जब भी मिटा न चाहो मिटा दीजिए मुझे

कुछ लोग जल रहे हैं उफ़ुक़ देख देख कर
शोला अगर हूं मैं तो बुझा दीजिए मुझे

कब आएगा क़रार तेरा क्या ख्याल है

कब आएगा क़रार तेरा क्या ख्याल है
ए मेरे राज़दार तेरा क्या ख्याल है

मैं सोचता हूं तुझको हक़ीक़त का नाम दूं
क्यों ऐ खयाल ए यार तेरा क्या ख्याल है

जी चाहता है एक खता और भी करूं
ए फ़ज़्ल ए करदगार तेरा क्या ख्याल है

बाम ए उफ़ुक़ पे हम भी नज़र आएंगे कभी
ऐ वक्त ए साज़गार तेरा क्या ख्याल है

जब रुख ए जाना तस्वीर में तुझे लाता हूं

जब रूख ए जानां तस्वीर में तुझे लाता हूं
दिल के आईने में तेरा अक्स भी पाता हूं

साक़िया जब याद आते हैं मुझे जाम व सबू
आशक ए ग़म पी पी के अपने दिल को बहलाता हूं

जाने किस नियत से देखा जानिब ए दिल शोख ने
उखड़ी उखड़ी अपने दिल की धड़कनें पाता हूं

मुनकशिफ अहवाल ए मंज़िल खुद ब खुद होते हैं फिर
राह में जब ठोकरों पर ठोकरें खाता हूं

नाखुदा जब छोड़ देता है उफ़ुक़ तूफान में
इन तलातुमखेज़ मौजों से भी टकराता हूं

बदनाम है जो नाम कमाने के बावजूद

बदनाम हैं जो नाम कमाने के बावजूद
पस्ती में हैं उरूज पे जाने के बावजूद

ऐ हुस्न ए यार तेरे तसव्वुर के मैं निसार
है रौशनी चिराग़ बुझाने के बावजूद

ये क्या के नामुराद रहूं राह ए इश्क़ मे
सर को क़दम क़दम पे झुकाने की बावजूद

बेइख्तेयार आंख से आंसू निकल पड़े
महफिल में राज़ ए इश्क़ छुपानी के बावजूद

चलते हैं सीना तान के ऐसे भी लोग हैं
अपनी नज़र में खुद को गिराने के बावजूद

जलते हैं बार-बार बुझाने के बावजूद

हेरां है बाद ए तुन्द ये कैसे चराग़ हैं
जलते हैं बार-बार बुझाने के बावजूद

यह हाल नाम का है तो वो होगी शख़्सियत
मिटता नहीं जो नाम मिटाने के बावजूद

फिर भी उन्हीं को ढूंढ रही है नज़र नज़र
जलवे नज़र नज़र में समाने के बावजूद

रहता है क्यों सियाह शब ए हिज्र का बदन
रातों को चांदनी में नहाने के बावजूद

दुनिया ज़मीं पे ढूढं रही है उफ़ूक़ मुझे
नक्श़ा भी आसमां का दिखाने के बावजूद

सारी फिकरें छोड़ दी सीने पे पत्थर रख लिया

सारी फिकरें छोड़ दी सीने पे पत्थर रख लिया
बेकसी का नाम ही मैंने मुक़द्दर रख लिया

बंदगी का शौक समझो या मेरी दीवानगी
नक़्श ए पा देखा जहां कोई, वहीं सर रख लिया

या खुदा कायम मेरे मां-बाप का साया रहे
दूर हूं मैं, खुद ही अपना हाथ सर पर रख लिया

खुद ब खुद तकलीफ का एहसास गुम होने लगा
मैंने फुटपाथ का ही नाम बिस्तर रख लिया

अब अगर चाहे तो कोई सात पर्दों में रहे
मैंने आंखों में उफ़ुक़ मंजर का मंजर रख लिया

रहबर बुलंद तर है बता कौन, मैं कि तू

रहबर बुलंद तर है बता कौन, मैं के तू
बनकर गुबार ए राह उठा कौन, मैं के तू

मुझसे हक़ीक़तों की वज़ाहत तलब न कर
वह्म वो गुमां से दूर रहा कौन, मैं के तू

तंज़न न पूछ क्या है मेरे दिल की आरज़ू
सौ बार मर के जिंदा हुआ कौन, मैं के तू

तार ए नफस को छेड़ के मुतरिब ने ये कहा
साज़िंद ए हयात बता कौन, मैं के तू

रफ्तार पर गुरुर न कर ऐ हवा एं तून्द
बनकर चराग़ ए राह जला कौन, मैं क तू
(continue)

कौन मैं के तु

क्यों कर न मुब्तिला ए फरेब ए नज़र रहूं
चेहरा बदल बदल के मिला कौन, मैं के तू

दुनिया के इस सवाल का कैसे जवाब दूं
अच्छा है कौन और बुरा कौन, मैं क तू

देखेंगे किसको किसकी मोहब्बत पे नाज़ है
ज़िंदा रहेगा होके जुदा कौन, मैं के तू

माना गुनाहगार व खताकार हूं मगर
बुखशिंद ए गुनाह व खता कौन, मैं के तू

ताकीद की थी देख न जा जानीब ए उफुक़
ऐ तायर ए ख्याल गिरा कौन, मैं के तू

दो नहीं एक ही चेहरा है तेरा बोल उठे

दो नहीं एक ही चेहरा है तेरा बोल उठे
तोड़ के फेंक दे आईना अना बोल उठे

इतनी रफ्तार बढ़ाले के तरक्क़ी शर्माए
आ मेरे साथ, ज़माने की हवा बोल उठे

इस क़दर टूट के कर उससे मोहब्बत ए दिल
खुद ही वह तू है मेरा, तू है मेरा, बोल उठे

मैं भी तैयार हूं आईना दिखाने के लिए
इससे पहले के कोई मुझ को बुरा बोल उठे

शेर कुछ ऐसा सुनाओ के तड़प जाए उफ़ुक़
वाह वाह, खूब कहा, खूब कहा, बोल उठे

मालूम नहीं मुझको के दर किसके लिए है

मालूम नहीं मुझको के दर किसके लिए है
सिर्फ इतना है एहसास के सर किसके लिए है

निकली ये मेरे दिल से मगर कैसे बताऊं
मक़बूल दुआओं का असर किसके लिए है

सिर्फ इतना बता दो मेरी क़िस्मत के सितारों
शब मेरे लिए है तो सहर किसके लिए है

अनजान मुसाफिर हूं मेरा काम है चलना
मालूम नहीं मुझको सफर किसके लिए है

रो रो के उफ़ुक़ आओ करें दोनों दुआएं
मालूम नहीं बाब ए असर किसके लिए है

वो फिक्र कर के आए बुलंदी ख्याल में

वो फिक्र कर के आए बुलंदी ख्याल में
अंशआर तेरे लोग सुनाएं मिसाल में

तब्दील कर सको तो करो माह व साल में
दो चार पल बचे हैं मेरे इंतक़ाल में

अपनों से बेरुखी का सबब पूछते नहीं
पोशीदा है जवाब खुद अपने सवाल में

मंशा ए ज़िंदगी से गुज़ारे जो ज़िंदगी
ऐश व निषात पाएगा हुज़्न व मलाल में

बाम ए उफ़ुक़ पे जा कर दिखा दे तो मान लूं
बेकार हैं उरूज की बातें ज़वाल में

सोचते रहते हैं सिर्फ ऐसा करें वैसा करें

सोचते रहते हैं सिर्फ ऐसा करें वैसा करें
अज़्म ए रासिख ही नहीं तो हम तरक्क़ी क्या करें

आज तक उनको समझ ने में गुज़ारी ज़िंदगी
कुछ समझ ही में नहीं आता के अब हम क्या करें

मंज़िल ए मक़सूद के बदले मिलीं गुमराहियां
ए अमिर ए कारवां तू ही बता हम क्या करें

आप ही फरमाइए अपनों से ऐसी बेरुखी!!
अपनी हालत पे हंसें आंसू बहाएं क्या करें

हर बुलंदी पर नजर आयीं उफ़ूक़ क्या चीज़ है
आइए वो हिम्मतें वो हौसलें पैदा करें

मैं उजाले में जब आया डर गया

मैं उजाले में जब आया डर गया
देख कर अपना ही साया डर गया

हक़ नगर इंसां कभी डरता नहीं
वह्म की ज़द में जो आया डर गया

था तबस्सुम में क़यामत का असर
जब भी कोई मुस्कुराया डर गया

वो अना में मुब्तिला था ग़ालेबन
मैंने आईना दिखाया डर गया

आज़माइश के उफ़ुक़ का़बिल न था
उसने जब भी आज़माया डर गया

तेरी दुनिया से तेरा तालीब ए दीदार उठा

तेरी दुनिया से तेरा तालीब ए दीदार उठा
फायदा क्या है जो अब पर्दें ए असरार उठा

एक हक़दार गया दूसरा हक़दार उठा
दिल मेरा बैठ गया जब मेरा दिलदार उठा

मौत के घाट उतारा जाए न मासूम कोई
बहर ए हस्ती में वो तूफान ए बद आसार उठा

दौर ए इफलास में याद आयी तेरी फरमाइश
दिल में जज्बात का तूफा सर ए बाज़ार उठा

ग़ालेबन भूल गया वा़क़िया ए दार व रसन
आदमी खुद को खुदा कह के भी ललकार उठा

ज़िंदगी पर मौत का धोखा हुआ

ज़िंदगी पर मौत का धोखा हुआ
या खुदा हुस्न ए नज़र को क्या हुआ

क्यों नज़र आता है सब बदला हुआ
क्या हुआ ये क्या हुआ ये क्या हुआ

जो भी कुछ सोचा था सब उल्टा हुआ
जाने ़किस्मत में है क्या लिखा हुआ

घुट गई आवाज़ लब थररा गएं
उसने जब पूछा कि तुझको क्या हुआ

जूज़ख़ुदा के जानता कोई नहीं
किस की क़िस्मत में है क्या लिखा हुआ

फिर कोई बाम ए उफ़ुक़ पर आ गया
छुप गया फिर महताब उभरा हुआ

बनाना चाहता है तू अगर जन्नत में घर अपना

बनाना चाहता है तू अगर जन्नत में घर अपना
तो रखा कर सदा मां-बाप के क़दमों में सर अपना

इबादत बन गया शायद गुनाहों का सफर
के नक़्श ए पा नज़र आते ही झुक जाता है सर अपना

फ़्रिश्ता मौत का आएगा लेकिन लौट जाएगा
जब अफसाना सुनाएगी हयात ए मुख्तसर अपना

भला क्यों कर कोई वाबिस्ता रखे हम से उम्मीदें
न जीना मौतेबर अपना न मरना मौतेबर अपना

खुदा का नाम भी सुनने से दिल अपना लरज़ता है
ज़ह क़िस्मत जो काम आए सरे महेशर ये डर अपना

तमन्ना है निगाह ए शौक़ की जलवा दिखा दीजिए

उफ़ूक़ पर तूर पर फारान पर या बाम पर अपना

ज़ुल्म पर जब भी दुआ दी हमने

ज़ुल्म पर जब भी दुआ दी हमने
तुझको ए जान ए वफा दी हमने

हां वो दीवार गिरा दी हमने
नफरतों की थी जो ढा दी हमने

असलियत अपनी दिखा दी उसने
शख्सियत अपनी जता दी हमने

शुक्र है उसने हमारी सुन ली
जब भी आवाज़ जरा दी हमने

बर्क़ जब बाम ए उफुक़ पर कौंदी
"आग ज़िंदा में लगा दी हमने"

खानाबरदोश तेरी राह गुज़र में हम थे

खानाबरदोश तेरी राह गुज़र में हम थे
मुख्तेसर ये के क़यामत के सफर में हम थे

करके इक़रार हुआ कोई नज़र से ओझल
और उलझे हुए एक लफ्ज़ ए मगर में हम थे

सेवा ए अहल ए मोहब्बत था हमारा शेवा
लोग कहते हैं सियासत के असर में हम थे

एक बार ऐसा बुरा वक़्त भी दर आया था
अजनबी अजनबी से अपने ही घर में हम थे

आज मिट्टी में मिले हम तो हमें याद आया
एक ज़माने में उफुक़ लाल व गोहर में हम थे

मेरी वफा पे उनकी जफाओं का सिलसिला

मेरी वफा पे उनकी जफओं का सिलसिला
जैसे चराग़ और हवाओं का सिलसिला

फरश ए ज़मीं से अरश ए बरीं तक है दोस्तों
वालिद की, वालेदा की दुआओं का सिलसिला

पैग़ाम ए ज़िंदगी है तेरा हुस्न ए बेमिसाल
कहता है दिल फरेब अदाओं का सिलसिला

जलता हुआ चराग़ है या मौजेज़ा कोई
हालांकि तेज़ तर है हवाओं का सिलसिला

क़दमों में होगीं मेरे उफ़ुक़ की बुलंदियां
दुश्वार हो हज़ार खलावों का सिलसिला

अजल भी देख चुकी है हिसाब कर करके

अजल भी देख चुकी है हिसाब कर करके
मैं कितनी बार जिया ज़िंदगी में मर मर के

अब आसमां पे उठा ले खुदा ए पाक उन्हें
तेरी ज़मीन पर रहते हैं लोग डर डर के

सुकूं ता हो ज़रा रहमतों के साए में
मैं थक गया हूं खुदाया गुनाह कर कर के

खुद उन पे अपने ही सायो का खौफ है तारी
पनाह मांगते दीवार वो दर हैं घर-घर के

नज़र में घूम गईं झोंपड़ो की तस्वीरें
ये मक़बरे हैं के आईने संगमरमर के
उजड़ न जाए कहीं कोई गुलशन ए हस्ती
उफुक़ अजीब से तेवर हैं बाद ए सर सर के

जान लेने आएगा या जान लेकर आएगा

जान लेने आएगा या जान लेकर आएगा
वो फिरिश्ता है निराली शान लेकर आएगा

मुंतज़ीर को भूल जाने चाहिए शिकवे गिले
आने वाला भी तो कुछ अरमान लेकर आएगा

नाखुदा की नाखुदाई पर भरोसा क्या करूं
वक़्त है कश्ती में भी तूफान लेकर आएगा

जब कोई फिरौन अपना सर उठाएगा कभी
फिर कोई मूसा कोई फरमान लेकर आएगा

बर्थ ए ग़म मे भी उफ़ुक़ शिकवा नहीं लब पर मेरे
जानता हूं वक़्त खुद मुस्कान लेकर आएगा

क़ाबिल ए रह्म हाल है मेरा

क़ाबिल ए रहम हाल है मेरा
एक नज़र का सवाल है मेरा

कल मरूंगा तो लोग रोएंगे
आज जीना मुहाल है मेरा

हर बुलंदी पर मेरी पस्ती है
हर तरक्की ज़वाल है मेरा

हुस्न तेरा है लाजवाब मगर
इश्क़ भी बेमिसाल है मेरा

ये उफ़ुक़ की बुलंदियां क्या हैं
शायराना ख्याल है मेरा

खुश इस क़दर है के जैसे कोई खजा़ना मिला

खुश इस क़दर है के जैसे कोई खजा़ना मिला
वो खुशनसीब तह ए दामन जिसको दाना मिला

किया हर एक सितारे से राब्ता क़ायम
मिले हज़र मगर कोई काम का न मिला

मै ऐसे साहब ए इमां का एक मुला़जिम हूं
पसीना सूख गया फिर भी कुछ सिला न मिला

अगरचा मंज़िल ए मक़सूद मिल गई मुझको
बहुत तलाश किया कोई रहनुमा न मिला

ज़मीं से दूर उफ़ुक़ पर भी जा के देख लिया
फजा़ओ में भी तलाशा सुकूं ज़रा न मिला

कहीं ज़मीर नज़र से गिरा न दे मुझको

कहीं ज़मीर नज़र से गिरा न दे मुझको
खुदा ए बर्तर व बाला अना न दे मुझको

शिकायतें तो बहुत थीं मगर ये खतरा था
कहीं वो बज़्म से अपनी उठा न द मुझको

शिकिस्त फाश का एहसास ए कमतरी मेरा
मैं सोचता हूं कहीं फिर हरा न दे मुझको

नमाज़ ए इश्क़ खुशू व खुजू से पढ़ ली
हजार हुस्न ए अज़ल कुछ सिला न दे मुझको

ऐ दोस्त ऐतेबार ए सहर कर न शाम कर

ए दोस्त ऐतेबार ए सहर कर न शाम कर
पहले जो तेरे सामने आए वो काम कर

तेरा वजूद हूं मैं अदब से सलाम कर
दुनिया ए बेसीबात? मेरा एहतेराम कर

ज़हमत अगर न हो तो मेरा एक काम कर
मेरे अदु के सामने मुझ को सलाम कर

कर बाद में कबूल कोई दावत ए तआम
पहले ज़रा तमीज़ हलाल वो हराम कर

खुर्शीद ए अम्न बन के उफ़ुक़ से तुलू हो
मिट जाए हर अंधेरा कोई ऐसा काम कर

खराब वक़्त का तेवर है क्या किया जाए

खराब वक़्त का तेवर है क्या किया जाए
हयात अरसा ए महेशर है क्या किया जाए

बना लिया ग़लती से मकान शीशे का
हर एक हाथ में पत्थर है क्या किया जाए

सितारे तोड़ के लाना कोई मजाक नहीं
मगर ये ख्वाहिश ए दिलबर है क्या किया जाए

खड़े हैं लोग अज़ल से कतार ए हस्ती में
हमारा आखरी नंबर है क्या किया जाए

नया ज़माना बज़िद है के मुझ को देख मगर
मेरी निगाह उफुक़ पर है क्या किया जाए

खुद ब खुद दूर शब ए ग़म का अंधेरा होता

खुद ब खुद दूर शब ए ग़म का अंधेरा होता
"तुम मेरे साथ जो होते तो सवेरा होता"

खोल देता तु अगर सुन के दुआ बाब ए असर
काम मेरा ही सही, नाम तो तेरा होता

ग़म का माहौल बदल जाता खुशी में यक्सर
कहेकहा एक फज़ा़ में जो बिखेरा होता

काश खुशियों की फलक बोस इमारत होती
काश खुशबाश उक़ाबों का बसेरा होता

मिसल ए खुर्शीद कोई बाम ए उफ़ुक़ से उभरा
वरना दुनिया में अंधेरा ही अंधेरा होता

एक एक लम्हे को सदियों की इनायत समझो

एक एक लम्हे को सदियों की इनायत समझो
वक़्त मिल जाए जो थोड़ा भी ग़नीमत समझो

क्यों है उतरी हुई हर शख़्स की सूरत समझो
आज के दौर को मैदान ए क़यामत समझो

ज़ुल्म समझो न सितम समझो न नफरत समझो
बेरुखी को भी एक अंदाज़ ए मोहब्बत समझो

रंग उड़ते हुए देखो जो किसी चेहरे का
एक गुनाहगार का एहसास ए नदामत समझो

मंजिलें बाम ए उफ़ुक़ से भी हैं आगे अपनी
हौसले के पर ए परवाज़ की ताक़त समझो

क्या बताएं किस क़दर दिल को खुशी होने लगी

क्या बताएं किस क़दर दिल को खुशी होने लगी
उनकी महफिल में हमारी बात भी होने लगी

आज तक सहन ए चमन में तीरगी का राज था
आशियां जलने लगे तो रोशनी होने लगी

फ़र्त ए ग़म में मुस्कुराने का भी मौका मिल गया
खत पे खत आने लगे उनके, खुशी होने लगी

जैसे जैसे वो मेरे दिल के क़रीब आने लगे
वैसे वैसे ज़ात मेरी अजनबी होने लगी

आज फिर बाम ए उफ़ुक़ पर ग़ालेबन आया कोई
आज फीर बाम ए उफ़ुक़ पर रोशनी होने लगी

मैं जब भी साथ ज़माने तेरी हवा के हुआ

मैं जब भी साथ ज़माने तेरी हवा के हुआ
चराग़ ए खून ए तमन्ना जला जला के हुआ

कूछ और घट गई सहरा में प्याज की शिद्दत
ये फायदा भी फरेब ए सुराब खा के हुआ

उसी का नाम मोहब्बत रखा ज़माने ने
वह हादसा जो नज़र से नज़र मिला के हुआ

खता मुआफ मैं समझा था मैं हीं सब कुछ हूं
तेरी बढ़ई का एहसास सर झुका के हुआ

अजीब शख़्स है जिसको अमीर कहते हैं
वो खुश हुआ अभी तो मजबूर को रुला के हुआ

बड़े-बड़े भी नज़र आए छोटे छोटे से

ये तजुर्बा मुझे बाम ए उफ़ुक़ पे जा के हुआ

आज वो याद आने लगे

आज वो याद आने लगे
दाग़ ए दिल जगमगाने लगे

ऐ जुनून ए मोहब्बत संभल
लोग पत्थर उठाने लगे

रेहमतें जोश में आ गईं
अश्क़ जादू जगाने लगे

इस क़दर कर ले खुद को बुलंद
आसमां सर झुकाने लगे

मरहबा अहल ए अज़्म ए जवां
पार उफ़ुक़ के भी जाने लगे

बताऊं राहनुमा कौन, कौन रहबर है

बताऊं राहनुमा कौन ,कौन रहबर है
रह ए हयात में खायी थी जो वो ठोकर है

खुदा का नाम ए गिरामी हर एक लब पर है
अमीर ए शहर से बेहतर ग़रीब का घर है

कहीं हैं हाथ कहीं पांव हैं कहीं सर है
ये क़त्ल ए गाह ए मोहब्बत का एक मंज़र है

जो ना पसंद तुझे मेरा दीद ए तर है
बता के तेरे सिवा कौन बंदा परवर है

उफ़ूक़ है डर तो फक़्त एक बात का डर
गुनाहगार हूं मैं और रोज़ ए महेशर है

हौसले तो देखिए बीमार के

हौसले तो देखिए बीमार के
फेंक दी सारी दवाएं वार के

बैठ न जाना कहीं थक हार के
ऐ मुसाफिर मंज़िल ए दुशवार के

चंद लम्हे और हैं दीदार के
भर गए दिन आपके बीमार है

अब तो हाथों में क़लम भी बोझ है
थे कभी हम भी धनी तलवार के

इस तरक्क़ी के ज़माने में उफ़ुक़
हम नहीं क़ायल किसी रफ्तार के

वो दर्द मेरे दिल तो नसीबो से मिला है

वो दर्द मेरे दिल को नसीबो से मिला है
जिस दर्द की क़िस्मत ने दवा है ना दुआ है

अपनों की शिकायत है न ग़ैरों का गिला है
अच्छा हूं, मज़ में हूं, बुज़ुर्गों की दुआ है

कह दो ये दरिंदों से के शहरों में न आएं
इंसान ही इंसान का लहू चूस रहा है

मैं मसलेहतन आप से छुप छुप के मिला था
ये जुर्म ए मोहब्बत है तो क्या इसकी सज़ा है

क्यों आज तेरे नूर की किरने नहीं फुटीं
हर शख्स सर ए बाम ए उफुक़ देख रहा है

बना रात का मुक़द्दर मेरी सुबह का सितारा

बना रात का मुक़द्दर मेरी सुब्ह का सितारा
कभी हंस के शब गुज़ारी कभी रो के दिन गुज़ारा

हैं उदास उदास राहें हैं बिछी बिछी निगाहें
चले आइए खुदारा चले आइए खुदारा

मैं जुनूं के रास्ते पर चला बेनियाज़ होकर
कहीं अक़्ल ने सदा दी कहीं होश ने पुकारा

तेरे दर से हाथ खाली भला कैसे लौट जाऊं
तू बता किसी के आगे कभी हाथ भी पसारा

है लिबास मातमी में उफ़ुक़ आज सुबह रौशन
दये सीयाहियां हैं उसकी शब ए हिज्र का उतारा

वो कहते हैं के क्या हम को तरस खाना नहीं आता

वो कहते हैं के क्या हम को तरस खाना नहीं आता
मैं कहता हूं मुझे नज़रों से गिर जाना नहीं आता

मोहब्बत बात करती है इशारों में किनायों में
समझ लेता हूं लेकिन मुझको समझाना नहीं आता

सर तस्लीम ए खम रखना अज़ल से मेरी आदत है
मगर सर को मेरे हर दर पे झुक जाना नहीं आता

सहर भी सो गई सुनकर शब ए तारीक की लोरी
मुझे क्यों नींद के आलम में खो जाना नहीं आता

किसी की दीद की खातिर मैं सो जाता हूं दानिस्ता
मगर ये सच है उनको ख्वाब में आना नहीं आता

सोचता हूं यही अक्सर मैं दुआ से पहले

सोचता हूं यही अकसर मैं दुआ से पहले
क्यों नहीं रोक लिया खुद को खता से पहले

आइए शर्त लगाएं के मंज़िल है उसकी
उठ गए जिसके क़दम राहनुमा से पहले

या इलाही मुझे तौफीक़ ए जबिंसायी दे
मेहरबानी से, इनायत से, अता से पहले

आ गया कौन सर ए बाम ए उफ़ुक़ बन के ख्याल
कौन पहुंचा ये मेरी फिक्र ए रसा से पहले

गुनहगार तो वो है जो शर्मसार नहीं

गुनहगार तो वो है जो शर्मसार नहीं
तू शर्मसार अगर है गुनहगार नहीं

कहा ये किसने मुझे तुझ पे ऐतबार नहीं
नहीं नहीं मेरे महबूब मेरे यार नही

बसे हुए हैं मनाज़िर तमाम नज़रों में
मेरी नज़र को नज़ारों का इंतजार नहीं

खुशी से देखने वाले ज़रा नज़र तो हटा
किसी ग़रीब के आंसू हैं आबशार नहीं

ये वालेदैन, ये औलाद और ये अहबाब
ये दौर वो है, किसी का कुछ एतेबार नहीं
यहां कहीं भी रहो एहतियात से रहना
ये आंध्रा है उफ़ुक़ आपका बरार नहीं

ये मेरा नसीबा है तवंगर का अर्थनहीं

गुनहगार तो वो है जो शर्मसार नहीं
तू शर्मसार अगर है गुनहगार नहीं

कहा ये किसने मुझे तुझ पे ऐतबार नहीं
नहीं नहीं मेरे महबूब मेरे यार नही

बसे हुए हैं मनाज़िर तमाम नज़रों में
मेरी नज़र को नज़ारों का इंतजार नहीं

खुशी से देखने वाले ज़रा नज़र तो हटा
किसी ग़रीब के आंसू हैं आबशार नहीं

ये वालेदैन, ये औलाद और ये अहबाब
ये दौर वो है, किसी का कुछ एतेबार नहीं
यहां कहीं भी रहो एहतियात से रहना
ये आंध्रा है उफुक़ आपका बरार नहीं

शर्त है उनका पूछना क्या है

शर्त है उनका पूछना क्या है
अब बता दूंगा दिल में क्या-क्या है

कुछ भरोसा न कीजिए मेरा
आज हूं कल नहीं मेरा क्या है

तेरे फ़ज़्ल व करम पे हैं नज़रें
मैं नहीं जानता खता क्या है

मेरे दिल में है हसरत व अर्माँ
तू बता तेरे दिल में क्या-क्या है

काश उफ़ूक़ तक पहुंच गया होता
आरज़ू इसके मासिवा क्या है

चेहरा बदल बदल के परेशां न कीजिए

चेहरा बदल बदल के परेशां न कीजिए
आई नहीं हयात को हैरां न कीजिए

चेहरा उतर न जाए शबे इंतज़ार का
अब और कोई वादा व पैमां न कीजिए

याद आ न जाए मुझको अंधेरे हयात के
तुरबत पे मेरी जश्न ए चरागां न कीजिए

बेमौत मर न जाए मरीज़ ए वफ़ा कहीं
ऐसा भी क्या के दर्द का दरमां न कीजिए

शुक्र ए खुदा उफुक़ के मिली सर बुलंदियां
अब आरज़ू ए तख्त ए सुलेमां न कीजिए

आ गया डूबती आंखों को नज़ारा करना

आ गया डूबती आंखों को नज़रा करना
उनसे कह दो के नज़र अपनी उतारा करना

हो जो मक़सूद बुज़ुर्गों की दुआओं का हुसूल
बात कड़वी भी अगर हो तो गवारा करना

ये नया दौर है इस दौर की हर बात नयी
ज़ुल्फ ए हस्ती को हवाओं से संवारा करना

ज़िंदगी अपनी इबादत के सिवा कुछ भी नहीं
अपने मालिक को शब वह रोज़ पुकारा करना

नाम लेने से मेरा आपको तकलीफ हुई
मुझको आइंदा उफुक़ कह के पुकारा करना

मौत भी रूठ न जाए कहीं इंसानों से

मौत भी रूठ न जाए कहीं इंसानों से
मैंने आवाज़ सुनी जंग के मैदानों से

खून ए दिल फर्ष ए ज़मीं पर न बिखर जाए कहीं
आसमां खेल रहा है मेरे अरमानों से

वक़्फ़ है खाना ए दिल आपकी यादों के लिए
कौन कहता है चले जाइए मेहमानों से

ए तरक्क़ी के ज़माने तेरी हिम्मत के निसार
रोशनी छीन के लाया है शबिस्तानों से

आओ कुछ देर उफ़ुक़ हम भी दिलों से खेले
लोग तो खेलते रहते हैं कई जानों से

उनके दिल की ये तमन्ना के तमन्नाई हो

उनके दिल की तमन्ना तमन्नाई हो
मुझको ये खौफ के महफिल में न रुसवाई हो

कौन है ? कोई नहीं कोई नहीं कोई नहीं
ज़िंदगी जैसे मुसलसल शब ए तन्हाई हो

वक़्त इंसां को हैवान बना दे लेकिन
मैं नहीं मानता दुश्मन भी कोई भाई हो

ज़िंदगी हिज्र में रो रो के गुज़ारी हमने
शर्त ले लो जो कभी लब पे हंसी आई हो

जाने क्यों बाम ए उफ़ुक़ पर है निगाहें सब की
तुम उफ़ुक़ क्या हो तमाशा हो, तमाशाई हो?

लरज़ती देखकर पानी में की इंसानों की तस्वीरें

लरज़ती देख कर पानी में इंसानों की तस्वीरें
नज़र आने लगी मैहशर के मैदानों की तस्वीरें

तुझे ये तेरे अपने सब के सब बेगाना समझेंगे
न रख अपनों की तस्वीरों में बेगानों की तस्वीरें

ज़माने देख लेना एक वक़्त ऐसा भी आएगा
के मिल पाएंगे इंसां ही, न इंसानों की तस्वीरें

निगाह ए नाज़ के सदक़े वो दिन भी आने वाला है
जिधर देखो नज़र आएगी दीवानों की तस्वीरें

उफ़ुक़ पर देखने वाले शफक़ की सुर्खियां समझे
सजा रखी थीं मैंने अपने अरमानों की तस्वीरें

फौलाद से दिल को भी करती है नज़र ज़ख़्मी

फौलाद से दिल को भी करती है नज़र ज़ख्मी
होता है रग ए गुल से पत्थर का जिगर ज़ख्मी

शबनम के भी सीने में पत्थर का कलेजा है
गुलशन भी नज़र आए फूलों के भी सर ज़ख्मी

नज़रों का तसादुम फिर नज़रों का तसादुम है
दिल अपना इधर ज़ख्मी दिल उनका उधर ज़ख्मी

सूरज की मसीहाई कुछ काम नहीं आई
क़िस्मत के अंधेरों में फिरती है सहर ज़ख्मी

उस पार उफुक़ के भी जाने का इरादा है
हिम्मत के परिंदे के हालांके हैं पर ज़ख्मी

वाक़ई हैं जो तवंगर नहीं बोला करते

वाक़ई हैं जो तवंगर नहीं बोला करते
जैसे कशकोल गदागर नहीं बोला करते

अपने मौजू से हटकर नहीं बोला करते
मैं जो हस्सास सुखन्वर नहीं बोला करते

नींद आती है तो सो जाते हैं सोने वाले
फिर भी फुटपात को बिस्तर नहीं बोला करते

तुर्शरूयी पे उन्हें आप हज़र उकसाएं
तल्ख लहजे मे सुखनवर नहीं बोला करते

घोंसला बोलो, कफसस बोलो, नशेमन बोलो
चार तिन्को को उफ़ूक़ घर नहीं बोला करते

म ए हयात पिलाई गई है थोड़ी सी

म ए हयात पिलाई गई है थोड़ी सी
अज़ल से मस्त हूं हालांके पी है थोड़ी सी

बहुत है आज की इस ज़ुल्मतों की दुनिया में
ये रोशनी जो नज़र आ रही है थोड़ी सी

तेरे बग़ौर भी गुज़री, ख़ुदा ख़ुदा करके
गुज़र ही जाएगी जो कुछ बची है थोड़ी सी

मेरी नज़र में नहीं कुछ भी दौलत ए दुनिया
यही बहुत है के इज़्ज़त मिली है थोड़ी सी

ये इखतेलाफ, ये नाचाकियां, ये हंगामें
ज़रासी बात है जो बढ़ गई है थोड़ी सी
अदम की राह का दरपेश है सफर हमको
चलो उफुक़ के अभी रोशनी है थोड़ी सी

जो ज़िक्र तेरा मोहब्बत के बाब में होगा

जो ज़िक्र तेरा मोहब्बत के बाब में होगा
शुमार मेरा बता किस हिसाब में होगा

वफा है जुर्म तो इक़बाल कर लिया मैंने
मगर ये फैसला उनकी जनाब में होगा

ये चींख चींख के कहती है खाम्शी मेरी
खराब वक़्त सवाल व जवाब में होगा

किताब मेरी, क़लम मेरा, दास्तां मेरी
खुद अपना नाम मेरे इंतेसाब में होगा

उफ़ुक़ ये दौर तरक्क़ी का दौर है प्यारे
तू कामयाबी भी होगा तो ख्वाब में होगा

ग़म मुक़द्दर है कोई खौफ न कर दीवाने

ग़म मुक़द्दर है कोई खौफ न कर दीवाने
तेरा साया है ये साए से न डर दीवाने

ग़म मिले हैं तो ख़ुशी भी तुझे मिल जाएगी
रात के बाद ही आती है सहर दीवाने

तेरी हर बात उड़ा देगी हंसी में दुनिया
होश मंदी की कोई बात न कर दीवाने

चाक दामन भी न सी चाक गिरेबां भी न सी
वरना लग जाएगी दुनिया की नज़र दीवाने

कब उठाओगे उफुक़ हाथ दुआओं के लिए
बंद हो जाएगा जब बाब ए असर दीवाने

तंज़न सही वो मेरे लिए मुस्कुराए तो

तंज़न सही वो मेरे लिए मुस्कुराए तो
पी जाऊंगा अब आंख में आंसू भी आए तो

वो दर ही क्या मुराद अगर बर न आए तो
लेकिन खुलूस ए दिल से कोई सर झुकाए तो

मैं अपने ख़्वाब को भी हक़ीक़त का नाम दूं
लेकिन शब ए फ़िराक़ मुझे नींद आए तो

साक़ी ये तेरी मस्त नज़र का क़ुसूर है
तू ही संभालना जो क़दम डगमगाए तो

बाम ए उफ़ूक़ ही मंज़िल ए मक़सूद थी मेरी
अच्छा है अब अगर कोई मंज़िल न आए तो

हमें भी अपना बनाइए अब के ग़ैर फिक़्रे ये कस रहें हैं

हमें भी अपना बनाइए अब के ग़ैर फिक़्रें ये कस रहें हैं
वो जिनको अपना समझ रहे थे उन्हीं के अपने तरस रहें हैं

इसीलिए तेरे रास्ते से मैं अबला पा गुज़र रहा हूं
के सैंकडों खार ऐसे हैं जो मेरे लहू को तरस रहें हैं

हमेशा हम सुनते आए हैं ये गरजने वाले नहीं बरसते
मगर ये गैज़ वो ग़ाज़ब के बादल गरज रहे हैं बरस रहे हैं

उफुक़ बता आज के ज़माने मैं कैसे समझू किसीको अपना
के जिनको पाला था आस्तीं मे वो सांप ही मुझको डस रहें हैं

दैर देखेंगें हरम देखेंगें दर देखेंगें

दैर देखेंगें हरम देखेंगें दर देखेंगें
खुद ब खुद ही कहां खम होता है सर देखेंगें

वाद ए वस्ल वफ़ा होगा तो उनका होगा
हम तो बस अपनी दुआओं का असर देखेंगें

अपनी आंखों में बसाएंगें तुम्हारे जलवे
देख सकते नहीं हम तुमको मगर देखेंगें

जुस्तजू शर्त है नज़रों की उफुक़ था ब उफुक़
आज़मा कर भी ज़रा ज़ोक़ ए नज़र देखेंगें

माना के मेरी पूश्त पे तीरों के वार थे

माना के मेरी पुश्त पे तीरों के वार थे
लेकिन मैं क्यों कहूं के मेरे रिश्तेदार थे

वो सामने जब आए जुबां बंद हो गई
हालांके इंतज़ार के शिकवे हज़ार थे

अब उनको ना गवार गुज़रती है बात भी
जिन से ताल्लुक़ात बड़े खुशगवार थे

दुनिया समझ रही थी जहां से गुज़र गए
हम मैह्ब ख्वाब ए रहमत ए परवरदिगार थे

उनको सुना दिया तो सुकून मिल गया उफुक़
अशआर मेरे मेरी तबीयत पे बार थे

इश्क़ की पुरपेच राहों में सफ़र उसने किया

इश्क़ की पूरपेच राहों में सफर उसने किया
सख्त मुश्किल मरहला था फिर भी सर उसने किया

होसला था चल पड़ा लेकर चराग ए आरज़ू
और तूफानी हवाओं में सफर उसने किया

उसने जब चाहा एक अफसाना बना डाला मुझे
मैंने चाहा भी तो किस्सा मुख्तसर उसने किया

जब उफुक़ पर छाने वाली थी स्याही शाम की
वा़किफ ए असरार ए ताबिंदा सहर उसने किया

मालूम है दिल आपको क्या बोल रहा है

मालूम है दिल आपको क्या बोल रहा है
पैकर किसी पत्थर से बना बोल रहा

राही था कभी मैं भी किसी राह ए वफा का
एक शख्स दौराहे पे खड़ा बोल रहा है

छिन जाए खुदाया मेरे कानों की समाअत
इंसान भी पैसे को खुदा बोल रहा है

आ तुझको बता दूं इसे कहते हैं मोहब्बत
दिल उनकी जफा को भी वफा बोल रहा है

काबू में किया जिसने उफुक़ अपनी जुबां को
उस शख्स का दुनिया में बड़ा बोल रहा है

जब कभी हुस्न ए नज़र से ज़िंदगी देखी गई

जब कभी हुस्न ए नज़र से ज़िंदगी देखी गई
तीरगी में रोशनी, ग़म में खुशी देखी गई

पहले दौलत के तराज़ू में मुझे तोला गया
और फिर क़ीमत घटा कर बेकसी देखी गई

हर ज़माने में मुझे कमबख्त ही समझा गया
हर ज़माने में मेरी कममायगी देखी गई

दीमकों के तबसेरों पर तबसेरे होने लगे
खाक में मिलती है कैसे शायरी देखी गई

चार दिन की ज़िंदगी को दायमी समझा गया
हर अमीर ए शहर के घर में खुशी देखी गई

कज़ा व क़द्र भी तक़दीर का लिखा भी है

क़जा वो क़द्र भी तक़दीर का लिखा भी है
ये ज़िंदगी ही नहीं एक हादसा भी है

हमेशा दिल को ये कह कह के हमने बहलाया
खराब वक़्त किसी का कभी रहा भी है

खुदा गवाह, वो आंखों में बस गए मेरी
के इंतजार में उन के ये फायदा भी है

बड़े सुकूं से गुज़ारी है ज़िंदगी अपनी
खुदा का फ़ज़ल भी है आपकी दुआ भी है

चले भी आओ के मैं शुक्रिया अदा कर लूं
तुम्हारे दिल में मोहब्बत अगर ज़रा भी है
ये और बात ज़मीं पर हूं आसमां होकर
उफुक़ मैं कौन हूं, क्या हूं, तुझे पता भी है

हर अच्छा वक़्त आकर लौट जाता है जहां मैं हूं

हर अच्छा वक़्त आकर लौट जाता है जहां मैं हूं
वहां हर ज़ी नफस आंसू बहाता है जहां मैं हूं

वहां तुम हो जहां हर सू उजाला ही उजाला है
उजाला भी अंधेरा बन के आता है जहां मैं हूं

वहां मैं हूं जहां सूरज की किरने भी हैं आसेबी
मुझे खुद अपना साया भी डराता है जहां मैं हूं

कोई फितने उठाता है कोई जादू जगाता है
कोई अरमान का मातम मनाता है जहां मैं हूं

उफ़ूक़ है नाम मेरा हर बुलंदी से यह कह दीजिए!!
फ़राज़ ए आसमां भी सर झुकाता है जहां मैं हूं